# Der Tag, an dem das MEER verschwand

**IMPRESSUM**

Titel der Originalausgabe: *The Day the Ocean went away*
Erschienen bei Volvo Car UK
Copyright © 2018 Volvo Car UK Ltd., London
Copyright Illustrationen © 2018 Jago

Deutsche Erstausgabe
Copyright © 2020 von dem Knesebeck GmbH & Co. Verlag KG, München
Ein Unternehmen der Média-Participations

Projektleitung: Tatjana Kröll, Knesebeck Verlag
Übersetzung: Gundula Müller-Wallraf, München
Lektorat: Laura Nerbel, Knesebeck Verlag
Umschlagadaption: Fabian Arnet, Knesebeck Verlag
Satz und Herstellung: Arnold & Domnick, Leipzig
Druck: Gugler
Printed in Austria

ISBN 978-3-95728-2398-6

www.knesebeck-verlag.de

**GESUND. RÜCKSTANDSFREI. KLIMAPOSITIV.**

Der Knesebeck Verlag schützt das Klima und intakte Ökosysteme durch den Druck dieses Buches beim Ökopionier gugler*, dem weltweit ersten zertifizierten Anbieter für Cradle to Cradle Certified™ Druckprodukte. Dieses Buch enthält nur gesunde Substanzen und kann daher – anders als herkömmlich gedruckte Bücher – zu 100 % wiederverwertet werden. Alle $CO_2$-Emissionen, die beim Druck dieses Buches entstanden sind, wurden zu 110 % kompensiert. In der Produktion kam ausschließlich Ökostrom zum Einsatz.
Das Cradle to Cradle Certified™-Zertifikat bestätigt das.

www.gugler.at

Cradle to Cradle Certified™ Pureprint
innovated by gugler*
**Gesund. Rückstandsfrei. Klimapositiv.**
www.gugler.at
Umschlag und Bindung ausgenommen

MIX
Papier aus verantwor-
tungsvollen Quellen
FSC® C005108

# Der Tag, an dem das MEER verschwand

Text von **Sam Haynes**    Illustrationen von *Jago*

Aus dem Englischen
von Gundula Müller-Wallraf

KNESEBECK

Jack liebte das Meer.

Aus dem Fenster seines Zimmers betrachtet, schien es kein Ende zu nehmen. Jeden Morgen stand Jack ganz früh auf, um dabei zuzusehen, wie der Sonnenaufgang die Wasseroberfläche orange, rot und golden färbte und glitzern ließ wie einen Piratenschatz.

Manche Dinge haben ihren ganz eigenen Zauber – die Art von Zauber, die im Bauch kribbelt, als hätte man Schmetterlinge verschluckt. Für Jack war das Meer ein solches Zauberding.

Eines Tages machten Jack und sein Vater mit dem Boot
einen Ausflug aufs Meer hinaus.

Sie segelten an den Klippen entlang und lauschten dem
Geschrei der Möwen über ihren Köpfen.

Von so weit draußen sah der Leuchtturm so klein aus
wie eine von Jacks Spielsachen.

Es gibt keinen besseren Platz für ein Picknick als das Meer, Ameisen sind nämlich schrecklich schlechte Schwimmer. Genüsslich futterten Jack und sein Vater Marmeladenbrote und schlürften Orangensaft durch blau-weiße Trinkhalme.

Plötzlich stieß

eine Möwe

zu ihnen

herunter und

schnappte Jack

das Marmeladenbrot

aus der Hand.

Jack erschrak so, dass ihm sein Trinkhalm aus den Fingern rutschte und im hohen Bogen ins Wasser flog.

Sofort meldete sich Jacks Gewissen. Er wusste, dass man seinen Müll nicht einfach ins Meer werfen durfte.

»Na ja«, dachte er, »vielleicht nicht so schlimm. Schließlich war es nur ein dünner kleiner Trinkhalm.«

Als Jack am nächsten Morgen in seine Hausschuhe
geschlüpft war und den Vorhang beiseiteschob, klappte
ihm vor Verwunderung die Kinnlade herunter. Nicht
eine einzige glitzernde Welle, nicht eine schillernde
Farbe war da zu sehen. Das Meer war verschwunden!
Ohne sich anzuziehen, rannte er nach unten,
aus dem Haus und hinunter zum Steg.
Weit und breit war nichts als feuchter Sand.

Jack sprang vom Steg und landete
mit einem Flatsch im Schlamm.
Er musste herausfinden, wohin
das Meer verschwunden war! Vielleicht konnte
er es ja dazu bringen zurückzukommen. Entschlossen
marschierte er über die riesige Sandfläche los. Zunächst
stapfte er auf ein paar Felsen zu. Aber als er näherkam, erkannte er,
dass es gar keine Felsen waren. Es waren Berge aus Müll. Plastikflaschen,
Bonbonverpackungen, verloren gegangene Flip-Flops, Plastiktüten ... hier auf
dem Meeresgrund lagen unendliche Mengen von Abfall herum.

Hinter einem verrosteten Einkaufswagen kam ein sonderbares Wesen hervorgetrippelt. Es hatte sechs weiße Köpfe, sechs gelbe Schnäbel und zwölf leuchtend orangefarbene Füße. **»Entschuldige bitte«**, fragte Jack höflich. **»Weißt du, wo das Meer hingegangen ist?«**
Das sonderbare Wesen entpuppte sich als sechs Möwen, die sich in den Ringen einer Getränkeverpackung verfangen hatten. **»Woher sollen wir das wissen?«**, jammerte eine der Möwen. **»Vielleicht ist es irgendwo hingegangen, wo es keine dieser schrecklichen Plastikringe gibt!«**
Jack beugte sich zu den Möwen hinunter und befreite eine nach der anderen von ihren Fesseln. Die Vögel taten Jack furchtbar leid – obwohl sie gerne Marmeladenbrote klauten.

Er lief weiter und erreichte wenig später einen großen Haufen verknoteter Fischernetze. Aus dem Wirrwarr von Plastikschnüren blitzten schillernde grüne Schuppen und strahlend goldenes Haar in der Sonne auf. Es war eine Meerjungfrau, die sich von oben bis unten in den Netzen verheddert hatte. **»Entschuldige bitte«**, sagte Jack und eilte zu ihr, um sie zu befreien. **»Weißt du vielleicht, wo das Meer hingegangen ist?«** Die Meerjungfrau schlug wütend mit der Flosse. **»Das weiß ich doch nicht! Vielleicht ist es irgendwo hingegangen, wo nicht überall diese schlimmen Plastiknetze herumschwimmen.«** Als sie sich endlich wieder bewegen konnte, robbte sie davon, so schnell sie konnte. Auf dem Trockenen sehen Meerjungfrauen nicht besonders anmutig aus.

Jack wanderte weiter. Das war anstrengend, denn oft musste er richtig durch den Müll waten. Auf einmal regneten Plastiktüten vom Himmel. Wie Quallen waberten sie durch die Luft. Jack lief noch ein Stück und fand einen mächtigen Blauwal, der mit jedem Atemzug Fontänen von kleinen Plastiktüten aus seinem Atemloch in die Luft pustete. **»Entschuldige bitte«**, sagte Jack. **»Weißt du zufällig, wo das Meer hingegangen ist?«** **»Ich habe keine Ahnung«**, jammerte der Wal. **»Vielleicht irgendwohin, wo es keine Plastiktüten gibt.«** Er öffnete sein gewaltiges Maul, um Jack all die Plastiktüten zu zeigen, die sich darin angesammelt hatten.

Jack wünschte sich sehr, dem Wal helfen zu können.

Jack hatte nicht geahnt, wie traurig es auf dem Meeresgrund zuging. Und er hatte auch keine Ahnung gehabt, wie viel Plastik es auf der Welt gab. Es war einfach überall!

Plastik.

## Plastik.

# Plastik.

Traurig trottete er weiter und kam an einen Berg,
der ganz und gar aus Plastiktrinkhalmen bestand.
Er marschierte immer weiter bergauf,
und als ihm die Beine wehtaten,
war er immer noch nicht oben angekommen.

Schließlich erreichte er den Gipfel aber doch.

Dort wartete eine Meeresschildkröte auf ihn.

**»Entschuldige bitte«**, fing er wieder an, verstummte aber sofort.

Aus einem Nasenloch der Schildkröte ragte etwas Langes,

Dünnes heraus. Es war ein blau-weiß gestreifter Trinkhalm.

War es der, der ihm während des Picknicks ins Meer gefallen war?

Ganz bestimmt war er das!

War das Meer deshalb verschwunden?
War sein Trinkhalm der eine Trinkhalm
zu viel gewesen?
Behutsam zog er der Schildkröte das
Plastikröhrchen aus der Nase.

Mit dem Trinkhalm in der Hand legte er ein
Versprechen ab. Er schrie es ganz laut in die
Weite des Meeresgrundes hinaus. Er versprach,
in Zukunft besser auf das Meer und seine
Bewohner zu achten. **»Ich verspreche, ab sofort
so wenig Plastik zu benutzen wie möglich und
alles zu recyceln, was man recyceln kann«**,
rief er. Er hoffte, dass das Meer noch irgendwo
dort draußen war und ihn hören konnte.
Hoffentlich war es noch nicht zu spät!

Da fing der Trinkhalm in seiner Hand plötzlich an, sanft zu beben.

Ein einzelner Wassertropfen fiel heraus.

Aus dem Tropfen wurde ein Tröpfeln.

Das Tröpfeln wurde zum Rinnen.

Dann wurde das Rinnen zu einem Strahl, der aus dem Trinkhalm schoss wie aus einem Feuerwehrschlauch.
Als das Wasser um sie herum zu steigen begann, schob die Schildkröte Jack auf ihren gepanzerten Rücken.
**Das Meer war zurückgekommen!**

Die Schildkröte brachte Jack zurück ans Ufer.
Die Sonne glitzerte wieder auf der Wasseroberfläche
und in der Ferne sprang anmutig eine Meerjungfrau
aus dem Wasser. Jacks Herz jauchzte. Aber so froh er
auch war, diesen Tag würde er niemals vergessen. Und
er würde niemals vergessen, welchen Schaden all die
alltäglichen kleinen Dinge wie Trinkhalme, Flaschen,
Verpackungen und Plastiktüten anrichteten.

Eines Tages würde es wirklich zu spät sein.

Eines Tages, sehr bald.

Jack wusste, dass das Schicksal des Meeres in seinen Händen lag.

Und in den Händen aller anderen Kinder.

**In den Händen von Kindern wie dir.**

# EIN GUTER ANFANG

Hier sind ein paar Vorschläge, was du dir vornehmen könntest,
wenn auch du das Meer und alle seine Bewohner schützen möchtest:

**Ich verspreche, das Meer sorgsam und respektvoll zu behandeln.**

**Ich verspreche, auf Plastiktrinkhalme zu verzichten,
die in der Nase einer armen Meeresschildkröte stecken bleiben könnten.**

**Ich verspreche, auf Plastiktüten zu verzichten,
die von einem Wal verschluckt werden könnten.**

**Ich verspreche, auf Einwegplastikflaschen zu verzichten und
stattdessen meine wiederverwendbare Trinkflasche immer wieder aufzufüllen.**

**Ich verspreche, auch all meinen Freunden davon zu erzählen,
wie wichtig es ist, das Meer zu schützen.**

## VOLVO CAR GERMANY & PACIFIC GARBAGE SCREENING

Volvo Cars ist bestrebt seinen ökologischen Fußabdruck zu minimieren. Zu dem ganzheitlichen Nachhaltigkeitsanspruch des schwedischen Fahrzeugherstellers gehört nicht nur die Konzentration auf die Elektromobilität, sondern auch die Verringerung der Umweltbelastung durch Plastik. Aus dieser Initiative heraus entstand das Buch »Der Tag, an dem das Meer verschwand«.

Volvo Cars hat sich zum Ziel gesetzt, 2040 ein klimaneutrales Unternehmen zu sein. Bereits bis zum Jahr 2025 soll die $CO_2$-Bilanz jedes Fahrzeugs um 40 Prozent sinken sowie der Anteil recycelter Kunststoffe in neuen Volvo Fahrzeugen auf 25 Prozent erhöht werden. Zudem verzichtet das Unternehmen in seinen Büros und bei seinen Veranstaltungen auf den Einsatz von Einwegplastik.

Dieses Buch unterstützt den gemeinnützigen Verein **Pacific Garbage Screening**. Der Pacific Garbage Screening e.V. (PGS) fördert einen nachhaltigeren Lebensstil in unserer Gesellschaft und engagiert sich für den Schutz von Flüssen und Ozeanen vor der Verschmutzung mit Plastik. Zu diesem Zweck entwickelt PGS eine schwimmende Plattform, die auch kleinteiliges Plastik aus Flüssen entnehmen kann, bevor es in die Meere gelangt. Darüber hinaus sensibilisiert die Organisation die Öffentlichkeit für die globale Kunststoffproblematik durch weltweite Kampagnen und Bildungsinitiativen in Schulen und anderen Einrichtungen.

Pro gedrucktem Buch spendet der Knesebeck Verlag 1 € an Pacific Garbage Screening für die Entwicklung von Umweltbildungskoffern, die im Schulunterricht eingesetzt werden.

Weitere Informationen zu dieser Bildungsinitiative finden Sie unter: www.pacific-garbage-screening.de/bildung